バター、オイルなし。
フープロとパウンド型で作る

こねない
ふとらない
食パン

茨木くみ子

JN108406

文化出版局

朝食はいつも食パンという方は多いのではないでしょうか。

私の夢は毎日食べても飽きない健康的な食パンを世界中に広めること。

その食パン、いざ作ろうとすると意外と難しいです。

家庭で作るのにはいくつかの高いハードルがあるからです。

そこで、家庭でも簡単に、失敗しにくいものをと考えたのが、この本のレシピです。

生地作りはフープロで1分攪拌、そしてパウンド型に入れてサイズを小さくすることで、

パン作りは初めてという方でも失敗しにくくなりました。

家庭で作りやすく、さらに、油脂を使わないので、カロリーを抑えることができます。

簡単、作りやすい、ふとらない、もちろん、おいしい！！

そんな食パンのレシピをお伝えします。

茨木くみ子

こねません。
フープロで回すだけ！

パン作りの中でいちばん大変なのは、こねる作業です。こねるスペースも必要で、もちろん体力勝負。しかし、この大変な作業をフードプロセッサーにまかせてしまいましょう。フードプロセッサーを使えば、回す時間は1分程度、場所もとりません。これで充分なのです。また、機械の摩擦熱で生地の温度が適度に上がるため、発酵がスムーズになります。

作りやすい！
型はパウンド型にして小さく焼く

この本の食パンは、パウンド型で焼きます。食パン1斤と比べると、生地量は約2/3。生地量が少なく、小さく作ることで、発酵や焼成のムラが小さくなるため、失敗のリスクが減ります。また、この本のレシピには油脂を使用しないので、その作業工程がなく、さらに簡単になっています。調理器具も油でベトベトにならないため、洗い物もとてもラクです。

ふとらない！ 油脂なしで
カロリーダウン

油脂は体に必要なものですが、現代人はどうしてもとり過ぎになります。過剰な油脂は、肥満をはじめとする生活習慣病の原因になります。油脂は肉や魚、豆腐、乳製品などの食材に充分入っていますので、主食は油脂なしがちょうどいいのです。この本のレシピは、油脂を使わないので、一般的なものより、カロリーを1〜3割減らすことができます。

おいしい！ 油脂なしで、
ふんわりしっとりのパンに

油脂なしのパンはかたいパンというイメージを持っている方も多いようですが、そんなことはありません。よくのびる生地を作れば、しっかりふくらみ、ふんわりしたパンが作れます。今回はバターやショートニングなどの油脂の代わりに、水あめ・コンデンスミルク・卵を使用しています。水あめやコンデンスミルクの甘みの分、砂糖を減らしたレシピになっているので、甘いパンにはなりません。

CONTENTS

〈注意書き〉

● 小さじ1は5㎖、大さじ1は15㎖、1カップは200㎖です。

● この本ではガスオーブンを使用しています。電気オーブンの場合は＋10℃で調節してください。オーブンの加熱時間は目安です。機種や使用年数などによって、多少異なる場合があります。

● 電子レンジは500Ｗのものを使用しています。機種や使用年数などによって、多少異なる場合があります。様子を見ながら加熱してください。

● 算出したエネルギー（カロリー）は1人分のおおその数値です。

● 食パン1斤型でつくる場合は生地を1.4倍にしてください。また、生地作りは3回に分けて攪拌してください。

この本で使う、基本の材料

材料選びができるのが手作りの特権です。
上質で安全な食材選びをしましょう。

塩
塩は小麦粉からグルテンを引き出し、パン生地を安定させます。お手持ちの塩でOKです。

砂糖
砂糖はイーストが発酵する際、えさとなります。この本では上白糖を使用。

水あめ
パン生地に伸びとやわらかさを与え、パンのボリュームを出す役割があります。水あめの色は透明でも褐色でもOKです。
※同じ目的で、パンによって水あめの代わりに、コンデンスミルクを入れる場合もあります。

水
この本では浄水した水道水を使っています。水は30℃程度のぬるま湯にして使います。

牛乳
この本では成分無調整のものを使用。低脂肪牛乳を使用するとパン生地はゆるくなります。反対に高脂肪のものを使用すると生地がかたくなります。牛乳は30℃に温めて使います。

強力粉
国産強力粉「春よ恋ブレンド」を使用しています。違う粉で作ると吸水率が若干変わるので、耳たぶ程度のかたさを目安に水分を調整してください。

ドライイースト
パンに向く酵母を培養し、乾燥させたもの。乳化剤や保存料などの添加物も含まれますが、一般的に2％程度です。天然の酵母に比べ、発酵が早く、安定してふんわりとしたパンができるのが魅力。この本では「サフ」の金のラベルを使っています。

基本の材料と合わせて使うものいろいろ

プラスアルファすることで、パン生地にコクや風味を与えたり、
色、香り、食感などを変えることができます。アレンジをいろいろ楽しんで。

コンデンスミルク　　冷凍いちご　　冷凍ブルーベリー　　桜の塩漬け　　明太子

卵　　くるみ　　かぼちゃ　　ほうれん草　　にんじん

抹茶　　紅いもパウダー　　ココアパウダー　　レーズン　　クランベリー

基本の道具

● 計量に使用

デジタルスケール
材料を重さではかるときに使います。1g単位のもので充分です。目盛りの見やすいものが使いやすいです。

計量カップ・計量スプーン
材料を容量(mℓ)ではかるときに使います。小さじ1は5mℓ、大さじ1は15mℓです。計量カップは目盛りが見やすいものを選びましょう。

● 生地作りに使用

ボウル
安定がよく、混ぜても粉が飛び散りにくい、深型のボウルがおすすめ。材質は耐熱ガラス、ステンレスのどちらでもOKです。

ゴムべら
材料を混ぜたり、生地にフィリングをぬったりなどさまざまに使用。加熱して混ぜることもあるので耐熱のものを。大小各1個あると便利。

フードプロセッサー
この本ではパナソニックのフードプロセッサー MK-K81を使用。一度にこねる適量は、小麦粉150g程度なので、パン生地は2回に分けて撹拌します。刃はフードカッター用でかまいません。撹拌後に細かくなっていたら、手で丸くまとめましょう。

● 分割、ベンチタイム、成形に使用

カード

生地を切り分けるのに使用。プラスチック製の軽いものがおすすめで、台を傷つけることもありません。

ふきん

パン生地を乾燥させないように、ぬらして固く絞り、パン生地の上にかけて使います。薄く軽いものが向いています。

パウンド型

約21×8cm、高さ6cmのパウンド型を使っています。内側がフッ素樹脂加工の場合でも、くっついてしまうので、必ずオーブンシートを敷いて使ってください。

はけ

とき卵などをパン生地にぬるときに使用します。パン生地を傷つけないよう、やわらかい素材のものが適しています。使用後はよく洗い、しっかり乾かします。

めん棒

表面に凸凹があり、空気を抜きながら生地をのばすことができるので、パン作りに向いためん棒です。20cm程度の短いもので作業には充分で、収納も場所をとりません。

オーブンシート

型に敷いて使用します。

● 焼く、冷ます

霧吹き

パン生地の乾燥を防いだり、パンを焼くときにオーブン内に蒸気を上げるのに使います。パン・料理専用に一つ用意しておくと便利。霧吹き用の水はぬるま湯を使います。

ケーキクーラー

パンを取り出して冷ますときに使います。

しっとり、ふんわりとして、油脂を使って
いないとは思えない食感。牛乳を水分とし
て使うのでやさしいミルクの香りがします。

しっとりミルク食パン

こねないふとらない、基本の食パンの作り方

材料をゴムべらで混ぜ、ひとまとまりになったら、半量ずつフードプロセッサーで攪拌するだけ。パウンド型で焼くので、生地の量が少なく、初心者でも失敗しにくいレシピです。この作り方が、以下でご紹介するほとんどのパンの基本になります。

材料 (約21×8cm、高さ6cmのパウンド型1台分)

強力粉 … 230g

A ┌ ドライイースト … 小さじ1と2/3
  │ 砂糖 … 大さじ1と1/2
  │ 牛乳(約30℃※) … 160㎖ ※電子レンジ500Wで1分加熱
  └ 水あめ … 20g

塩 … 小さじ1/2

a. 牛乳
レシピによっては、牛乳の代わりに水や野菜ジュースを使用する場合もある。

b. 水あめ
水あめは生地をしっとりさせるために加えている。水あめの代わりに、コンデンスミルクを加える場合もある。

c. 砂糖
上白糖を使用。

d. 塩
さらさらしたものが溶けやすい。

e. ドライイースト
サフの金のラベルを使用。スーパーで手に入る製パン用のものでも。

f. 強力粉
国産小麦粉「春よ恋ブレンド」を使用。外国産のものを使用する場合は水分量を1割程度増やす。

準備

＊ 型にオーブンシートを敷く。
＊ 作り方 **8** が終了したら、オーブンを180℃に予熱する。

オーブンシートは、型の底と側面を覆う大きさに切る。

底と側面の大きさに合わせて折り、折り込みできるように切り込みを入れる。

パウンド型に敷き込む。

作り方

1 ボウルに強力粉の半量、**A** を入れて混ぜる。

①水あめは、かたいようなら温めた牛乳に溶かしてから入れるとよい。

②イーストを溶かしながら、ゴムべらでぐるぐると混ぜる。

2 イーストが溶けたら、残りの強力粉、塩を加える。

③イーストの粒々がなくなり、なめらかな状態になったら、残りの粉と塩を加える。

3 ゴムべらでよく混ぜ、ひとまとまりにする。

④粉っぽさがなくなり、一つにまとまるまで混ぜる。

⑤生地は耳たぶほどのやわらかさがちょうどよい。かたいようなら、水大さじ1/2〜1を加えて調整する。

4 生地を2等分し、各30秒ずつフードプロセッサーにかける。

5 生地を合わせて丸め、一次発酵（40℃で25分程度）させる。

⑥生地をカードで半分に切る。

⑧2等分した生地を一つに合わせ、丸め直す。

⑩発酵すると約1.5倍にふくらむ。指に打ち粉をつけて生地に差し入れ、穴が戻らなければOK。

⑦フードプロセッサーは金属刃でOK。速度が低速・高速などある場合は高速で回す。

⑨ボウルに入れ、乾燥しないようにラップをする。発酵はオーブンの発酵機能が便利。写真は発酵前。

6 ガス抜きをし、生地を丸め直し、ベンチタイム（10分）。

⑪こぶしでやさしく押してガス抜きをする。

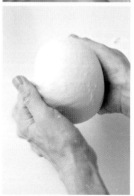

⑫生地をボウルから出し、丸める。

⑬固く絞ったぬれ布巾をかけ、生地を10分休ませる（ベンチタイム）。

7 成形する

*ここではワンローフに成形する。

⑭台に生地を置き、めん棒を真ん中から前後に転がしてのばす。

⑮横18cm×縦28cm程度の長方形にのばす。

8 型に入れ、二次発酵（40℃で30分程度）。

⑯裏返して、手前からくるくると巻く。

⑰端は、下から持ち上げて、指でつまんでとめる。

⑱とじ目を下にしてオーブンシートを敷いた型に入れる。乾燥しないように上に空間を空けてポリ袋に入れる。写真は発酵前。

⑲発酵はオーブンの発酵機能を利用。型から生地が2cmほど出るまで発酵させる。発酵が終わったらオーブンの予熱をする。

9 180℃のオーブンで18分焼く（電気オーブンの場合は190℃で22分）。焼き上がったらすぐに型から出し、冷ます。

＊途中、上が焦げてきたらアルミホイルで覆う。

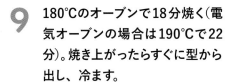

⑳オーブンから出したら、台の上に軽く落とすと、側面がきれいに仕上がる。

㉑型から出し、ケーキクーラーの上で冷ます。型に入れっぱなしだと、蒸れて側面が内側に入り込んだ形になってしまう。

基本の食パンの配合を少し変えるだけでおいしさいろいろ

シンプルな食パン

焼くときにぬるま湯を霧吹きでたっぷり吹きかけると、パリッとフランスパンらしくなります。バター風スプレッドをぬってどうぞ。

フランス食パン

材料（約21×8cm、高さ6cmのパウンド型1台分）

強力粉 … 240g

A
- ドライイースト … 小さじ1と1/2
- 砂糖 … 小さじ1
- ぬるま湯（約30℃）… 170mℓ
- 水あめ … 20g

塩 … 小さじ1/2

準備

＊ 型にオーブンシートを敷く。

＊ 作り方**8**の後、オーブンを200℃に予熱する。

作り方（p.12-15参照）

1 ボウルに強力粉の半量、**A**を入れて混ぜる。

2 イーストが溶けたら、残りの強力粉、塩を加える。

3 ゴムべらでよく混ぜ、ひとまとまりにする。基本の生地よりやわらかい。

4 生地を2等分し、各30秒ずつフードプロセッサーにかける。

5 生地を合わせて丸め、一次発酵（30℃で25分）。

6 ガス抜きをし、生地を4等分し、一つずつ丸め、ベンチタイム（5分）。

7 成形。一つずつ丸め直し、型に入れる。

8 二次発酵（30℃で25分）。型から生地が1cmほど出るまで。

9 200℃のオーブンに入れ、ぬるま湯でたっぷりと霧を吹き、20分焼く（電気オーブンの場合は210℃で30分）。すぐに型から出し、冷ます。

生地はべたっと指につくくらいのやわらかさが目安。

とじ目を下にして、型に並べ入れる。

SPREAD バター風スプレッド

材料と作り方

① 鍋に卵黄1個分、牛乳40mℓを入れて混ぜ、塩ひとつまみも加える。

② ごく弱火にかけ、絶えず混ぜる。湯気が出はじめ、とろりとしたら火を止める。

③ 保存容器などに移し、ラップを密着させて冷ます。

本来はバターがたっぷり入りますが、
バターなしでふわふわに焼き上げま
す。卵はイーストの溶けを悪くするの
で、イーストを溶かした後で加えます。

ブリオッシュ食パン

材料（約21×8cm、高さ6cmのパウンド型1台分）

強力粉 … 170g

A
┌ ドライイースト … 小さじ1と1/3
│ 砂糖 … 大さじ1/2
│ 牛乳（約30℃）… 85mℓ
└ コンデンスミルク … 20g

卵黄 … 2個分

塩 … 小さじ1/3

卵白 … 適量

準備

＊型にオーブンシートを敷く。

＊作り方**8**の後、オーブンを170℃に予熱する。

作り方（p.12-15参照）

1 ボウルに強力粉60g、**A**を入れて混ぜる。

2 イーストが溶けたら、残りの強力粉、卵黄、塩を加える。

3 ゴムべらでよく混ぜ、ひとまとまりにする。基本の生地よりやわらかい。

4 生地を2等分し、各30秒ずつフードプロセッサーにかける。

5 生地を合わせて丸め、一次発酵（40℃で25分）。

6 ガス抜きをし、生地を5等分し、一つずつ丸め、ベンチタイム（5分）。

7 成形。一つずつ丸め直し、型に入れる。

8 二次発酵（40℃で30分）。型から生地が1cmほど出るまで。上面に卵白をはけでぬる。

9 170℃のオーブンに入れ、16分焼く（電気オーブンの場合は180℃で20分）。すぐに型から出し、冷ます。

卵黄の大きさで生地のかたさが変わるため、かたければ牛乳で調整し、やわらかめの生地を作る。

型に入れ、二次発酵後に卵白（卵黄を使った残り）をはけでぬる。

JAM にんじんジャム

材料と作り方

耐熱ボウルに、皮をむいたにんじんのすりおろし100g、皮をむいたりんごのすりおろし1/2個分、砂糖40g、レモン汁小さじ1を入れ、ラップをし、電子レンジ500Wで7分加熱する。

19

極上食パン

材料（約21×8㎝、高さ6㎝のパウンド型1台分）

強力粉 … 200g

A
- ドライイースト … 小さじ1と1/2
- 砂糖 … 小さじ1
- 牛乳（約30℃）… 130㎖
- コンデンスミルク … 15g

卵黄 … 1個分

塩 … 小さじ1/3

準備

＊ 型にオーブンシートを敷く。

＊ 作り方 **8** の後、オーブンを180℃に予熱する。

作り方（p.12 -15 参照）

1　ボウルに強力粉の半量、**A**を入れて混ぜる。

2　イーストが溶けたら、残りの強力粉、卵黄、塩を加える。

3　ゴムべらでよく混ぜ、ひとまとまりにする。

4　生地を2等分し、各30秒ずつフードプロセッサーにかける。

5　生地を合わせて丸め、一次発酵（40℃で25分）。

6　ガス抜きをし、生地を2等分し、一つずつ丸め、ベンチタイム（10分）。

7　成形。一つずつ横15×縦20㎝にのばし、両端を内側に折って巻く。型に入れる。

8　二次発酵（40℃で30分）。型から生地が2㎝ほど出るまで。

9　180℃のオーブンで18分焼く（電気オーブンの場合は190℃で22分）。すぐに型から出し、冷ます。

横15×縦20㎝にのばし、両端を内側に折る。

くるくると巻き、巻き終わりは下から持ち上げて指でつまんでとめる。

とじ目を下にして型に入れる。

BUTTER　くるみメイプルバター

材料と作り方

① くるみ50gは170℃のオーブンで10分から焼きする。フードプロセッサーで10秒攪拌する。

② コンデンスミルク大さじ2、メイプルシロップ大さじ3を加え、再度10秒攪拌する。

しっとりさとふんわりのバランスがよく、市販の高級パンに負けません。まとめて焼き、スライスして冷凍すると便利。

21

オートミール食パン

材料（約21×8cm、高さ6cmのパウンド型1台分）

強力粉 … 210g

オートミール … 25g

A
- ドライイースト … 小さじ1と1/2
- 砂糖 … 小さじ1
- ぬるま湯（約30℃）… 170㎖
- 水あめ … 20g

塩 … 小さじ1/2

オートミール（飾り用）… 少々

準備

＊ 型にオーブンシートを敷く。
＊ 作り方8の後、オーブンを200℃に予熱する。

作り方（p.12-15参照）

1 ボウルに強力粉の半量、オートミールの半量、**A**を入れて混ぜる。

2 イーストが溶けたら、残りの強力粉、残りのオートミール、塩を加える。

3 ゴムべらでよく混ぜ、ひとまとまりにする。基本の生地よりやわらかい。

4 生地を2等分し、各30秒ずつフードプロセッサーにかける。

5 生地を合わせて丸め、一次発酵（30℃で25分）。

6 ガス抜きをし、生地を3等分し、一つずつ丸め、ベンチタイム（5分）。

7 成形。一つずつ丸め直し、型に入れる。

8 二次発酵（30℃で25分）。型から生地が1cmほど出るまで。上面に飾り用のオートミールを散らす。

9 200℃のオーブンに入れ、ぬるま湯でたっぷりと霧を吹き、20分焼く（電気オーブンの場合は210℃で30分）。すぐに型から出し、冷ます。

一次発酵した生地を3等分し、丸める。

型に入れる。二次発酵前の状態。

二次発酵後。オートミールを上に散らす。

外側はパリッと香ばしく、噛み
ごたえのあるフランスパン風の
生地に、オートミールを加えまし
た。飽きのこない食事パンです。

メイプル風味のパン生地にさらにメイプルフィリングをぬって焼き上げます。メイプルシュガーがなければ三温糖で代用を。

やさしい甘さがちょうどいい、
おやつにぴったり。

スイーツ食パン

メイプル
くるみ食パン

材料
（約21×8cm、高さ6cmのパウンド型1台分）

強力粉 … 210g

A
┌ ドライイースト
│   … 小さじ1と2/3
│ メイプルシュガー
│   … 大さじ2と1/2
│ とき卵 … 35g
│ 牛乳（約30℃）… 120ml
└ コンデンスミルク … 10g

塩 … 小さじ1/3

くるみ … 15g

〈メイプルフィリング〉
┌ メイプルシュガー … 大さじ3
│ 薄力粉 … 大さじ2
└ 牛乳 … 大さじ1弱

とき卵 … 適量

くるみ（飾り用）… 5g

準備

＊ くるみは天板に広げ、170℃のオーブンで10分から焼きする。取り出して冷まし、粗く刻む。
＊ メイプルフィリングの材料をボウルに合わせ、よく混ぜる。
＊ 型にオーブンシートを敷く。
＊ 作り方**8**の後、オーブンを180℃に予熱する。
＊ 卵1個はといて35gをはかり、残りはつやだし用にとっておく。

作り方 (p.12-15参照)

1　ボウルに強力粉の半量、**A**を入れて混ぜる。

2　イーストが溶けたら、残りの強力粉、塩を加える。

3　ゴムべらでよく混ぜ、ひとまとまりにする。

4　生地を2等分し、各30秒ずつフードプロセッサーにかける。

5　生地を合わせ、刻んだくるみ15gを混ぜ込む。丸めて、一次発酵(40℃で25分)。

6　ガス抜きをし、生地を丸め、ベンチタイム(10分)。

7　成形。めん棒で横20×縦25cmにのばし、横長に置いて裏返し、上部を少し残してメイプルフィリングをゴムべらでぬる。手前から巻き、巻き終わりは指でつまんでとめる。縦に置き、上部を少し残して縦半分に切り、生地を交差させて編む。型に入れる。

8　二次発酵(40℃で30分)。型から生地が2cmほど出るまで。上面に残りのとき卵をはけでぬり、飾り用のくるみを散らす。

9　180℃のオーブンに入れ、18分焼く(電気オーブンの場合は190℃で22分)。すぐに型から出し、冷ます。

長い辺を横にして置き、上部2cmほど残してメイプルフィリングをぬる。

手前からくるくると巻き、端は下から持ち上げて指でつまんでとめる。

上部2cmほど残して縦に二つに切る。

生地を交差させて編む。端を型で押さえるとやりやすい。最後は指でつまんでとめる。

アールグレイの紅茶の香りとオレンジピールがよく合うふんわりパンです。重しに天板をのせて焼くと角形のパンになります。

紅茶とオレンジピールの角型食パン

材料
（約21×8cm、高さ6cmのパウンド型1台分）

強力粉 … 190g

A
┌ ドライイースト
│　… 小さじ1と1/3
│ 砂糖 … 大さじ2
│ とき卵 … 20g
└ コンデンスミルク … 15g

塩 … 小さじ1/3

牛乳 … 約110㎖

紅茶茶葉（アールグレイなど
　香りの強いもの）… 大さじ1と1/2

オレンジピール … 30g

準備

＊ 牛乳と茶葉を小鍋に入れて火にかける。沸騰したら火を止め、蓋をして3分蒸らす。茶こしでこし、計量して足りない分は冷たい牛乳を加えて110mℓにする。30℃まで冷ます。

＊ オレンジピールは粗く刻む。

＊ 型にオーブンシートを敷く。

＊ 作り方8の後、オーブンを180℃に予熱する。

＊ 空の牛乳パックをシート状にする。

作り方（p.12-15参照）

1 ボウルに強力粉の半量、紅茶を煮出した牛乳、Ａを入れて混ぜる。

2 イーストが溶けたら、残りの強力粉、塩を加える。

3 ゴムべらでよく混ぜ、ひとまとまりにする。

4 生地を2等分し、各30秒ずつフードプロセッサーにかける。

5 生地を合わせ、オレンジピールを混ぜ込む。丸めて、一次発酵（40℃で25分）。

6 ガス抜きをし、生地を3等分し、一つずつ丸め、ベンチタイム（10分）。

7 成形。一つずつ、めん棒で横10×縦13cmにのばし、三つ折りにし、両端を折ってとめる。とじ目を下にして型に並べ入れる。

8 二次発酵（40℃で30分）。型の縁の高さまでふくらんだら、オーブンシートをかぶせ、シート状の牛乳パックで覆い、さらにオーブンシートをのせ、天板をのせて重しにする。

9 180℃のオーブンに入れ、18分焼く（電気オーブンの場合は190℃で22分）。すぐに型から出し、冷ます。

生地は3等分し、それぞれ横10×縦13cmにのばし、三つ折りにする。

端と端をくっつける。

成形した生地を型に並べて入れる。

重しの天板が傾かないよう、同じ高さのパウンド型を平行に置くと、きれいな角型に焼ける。

パネトーネ風食パン

材料（約21×8cm、高さ6cmのパウンド型1台分）

強力粉 … 150g

A ┌ ドライイースト … 小さじ1と1/3
　│ 砂糖 … 大さじ1と1/2
　│ 牛乳（約30℃）… 60㎖
　│ コンデンスミルク … 10g
　└ ラム酒 … 10㎖

卵黄 … 2個分

塩 … 小さじ1/3

ドライフルーツ（レーズン、オレンジピール、
　　クランベリーなど合わせて）… 90g

ラム酒 … 40㎖

卵白 … 適量

準備

＊ オレンジピールは刻む。ドライフルーツはラム酒40
　㎖に1時間ほどつける。ペーパータオルで包み、水
　気をふく。
＊ 型にオーブンシートを敷く。
＊ 作り方8の後、オーブンを170℃に予熱する。

作り方（p.12-15参照）

1 ボウルに強力粉50g、Aを入れて混ぜる。

2 イーストが溶けたら、残りの強力粉、卵黄、塩を加える。

3 ゴムべらでよく混ぜ、ひとまとまりにする。

4 生地をフードプロセッサーに40秒かける（生地量が少ないので、全量入れてよい）。

5 生地にドライフルーツを加え、混ぜ込む。丸めて、一次発酵（40℃で25分）。

6 ガス抜きをし、生地を丸め、ベンチタイム（10分）。

7 成形。めん棒で横18×縦28cmにのばす。裏返し、手前から巻き、端は下から持ち上げて指でつまんでとめる。型に入れる。

8 二次発酵（40℃で30分）。型の縁の高さまでふくらんだら、上面に卵白をはけでぬる。

9 170℃のオーブンに入れ、16分焼く（電気オーブンの場合は180℃で20分）。すぐに型から出し、冷ます。

ラム酒につけたドライフルーツはペーパータオルで水気をふき取る。

フードプロセッサーにかけた生地に、ドライフルーツをのせ、混ぜ込む。

イタリアのクリスマスの発
酵菓子をアレンジ。本来は
たっぷりのバターを使いま
すが、バターなしで、ふわふ
わの生地に焼き上げました。

29

生地を二色にします。フードプロ
セッサーにかける際、分けた一方
に抹茶を加えるだけです。抹茶
を入れたほうは水分を少々加え、
同じかたさにするのがポイント。

抹茶と大納言の二色食パン

油脂を使ったレシピ この本のレシピ
1人分1/6切れ 221 kcal ＞ 199 kcal

材料（約21×8cm、高さ6cmのパウンド型1台分）

強力粉 … 210g

A
- ドライイースト … 小さじ1と1/2
- 砂糖 … 大さじ2
- とき卵 … 30g
- コンデンスミルク … 20g
- 牛乳（約30℃）… 120㎖

塩 … 小さじ1/3

抹茶 … 大さじ1と1/2

大納言小豆の甘納豆（市販品）… 60g

準備

＊ 型にオーブンシートを敷く。
＊ 作り方 **8** の後、オーブンを180℃に予熱する。

作り方（p.12-15 参照）

1 ボウルに強力粉の半量、**A**を入れて混ぜる。

2 イーストが溶けたら、残りの強力粉、塩を加える。

3 ゴムべらでよく混ぜ、ひとまとまりにする。

4 生地を2等分し、一つをフードプロセッサーに30秒かける。残りの生地には抹茶、水小さじ1を加え、フードプロセッサーに30秒かける。

5 一つずつ丸めて、一次発酵（40℃で25分）。

6 ガス抜きをし、一つずつ丸め直し、ベンチタイム（10分）。

7 成形。一つずつ、めん棒で横12×縦20cmにのばし、抹茶の上に白い生地を重ね、合わせて横18×縦28cmにのばす。裏返して、甘納豆を散らし、手前から巻き、端は指でつまんでとめる。とじ目を下にして型に入れる。

8 二次発酵（40℃で30分）。型から生地が1cm出るまで。

9 180℃のオーブンに入れ、18分焼く（電気オーブンの場合は190℃で22分）。すぐに型から出し、冷ます。

生地を半分にし、まずは白い生地からフードプロセッサーにかけると、器具を洗う手間がなく効率的。

白い生地、抹茶生地、それぞれ横12×縦20cmにのばす。

二つの生地を重ねてのばし、裏返してから甘納豆を散らす。

米粉の入ったもちもちの
フランスパン生地に桜
の花を練り込み、桜の葉
とあんこを巻きました。

米粉入り桜餅風食パン

材料
（約21×8cm、高さ6cmのパウンド型1台分）

強力粉 … 200g

米粉 … 40g

A ┌ ドライイースト
　　 … 小さじ1と1/2
　│ 砂糖 … 小さじ1
　│ ぬるま湯（30℃）… 170㎖
　└ 水あめ … 20g

塩 … 小さじ1/2

桜の花の塩漬け … 10g

桜の葉の塩漬け … 4枚

こしあん（市販品）… 150g

準備

＊ 桜の花と葉は水に10分ほどつけて塩抜きをし、
　ペーパータオルで包んで水気をふく。桜の花は
　みじん切りにする。

＊ 型にオーブンシートを敷く。

＊ 作り方8の後、オーブンを200℃に予熱する。

作り方 (p.12-15参照)

1　ボウルに強力粉の半量、米粉の半量、Aを入れて混ぜる。

2　イーストが溶けたら、残りの強力粉、残りの米粉、塩を加える。

3　ゴムべらでよく混ぜ、ひとまとまりにする。基本の生地よりやわらかい。

4　生地を2等分し、各30秒ずつフードプロセッサーにかける。

5　生地を合わせ、刻んだ桜の花を加えて混ぜ込む。丸めて、一次発酵（30℃で25分）。

6　ガス抜きをし、丸め直し、ベンチタイム（10分）。

7　成形。めん棒で横18×縦28cmにのばし、裏返して、桜の葉を並べ、その上にこしあんをゴムべらでぬる。手前から巻き、端は指でつまんでとめる。型に入れる。

8　二次発酵（30℃で25分）。型から生地が1cm出るまで。

9　200℃のオーブンに入れ、ぬるま湯でたっぷりと霧を吹き、20分焼く（電気オーブンの場合は210℃で30分）。すぐに型から出し、冷ます。

横18×縦28cmに生地をのばし、桜の葉を並べ、上にこしあんをぬる。

手前からからくるくると巻き、巻き終わりは下から持ち上げて指でつまんでとめる。

黒糖レーズン食パン

黒糖にかくし味のコーヒーがよく合います。黒糖は
フレーク状のものが使いやすいです。

材料
（約21×8㎝、高さ6㎝のパウンド型1台分）

強力粉 … 210g

A
- ┌ ドライイースト … 小さじ1と2/3
- │ 黒糖 … 30g
- │ とき卵 … 35g
- │ 牛乳（約30℃）… 100㎖
- │ コンデンスミルク … 20g
- └ インスタントコーヒー … 小さじ1

塩 … 小さじ1/3
レーズン … 45g

準備

＊ レーズンはたっぷりの水に10
　分ほどつけて戻し、ペーパー
　タオルで包んで水気をふく。
＊ 型にオーブンシートを敷く。
＊ 作り方 **8** の後、オーブンを180
　℃に予熱する。

作り方 (p.12-15参照)

1 ボウルに強力粉の半量、**A**を入れ
て混ぜる。

2 イーストが溶けたら、残りの強力
粉、塩を加える。

3 ゴムべらでよく混ぜ、ひとまとまり
にする。

4 生地を2等分し、各30秒ずつフード
プロセッサーにかける。

5 レーズンを加え、混ぜ込む。丸め
て、一次発酵（40℃で25分）。

6 ガス抜きをし、生地を丸め、ベン

チタイム（10分）。

7 成形。めん棒で18×28㎝にのば
す。裏返し、手前から巻き、端は下か
ら持ち上げて指でつまんでとめる。型
に入れる。

8 二次発酵（40℃で30分）。型から
生地が2㎝ほど出るまで。

9 180℃のオーブンに入れ、18分
焼く（電気オーブンの場合は190℃で
22分）。すぐに型から出し、冷ます。

油脂を使ったレシピ　　この本のレシピ

1人分1/6切れ　**221** kcal ＞ **200** kcal

カルピスクランベリー食パン

カルピスの甘酸っぱい香りがするパンです。私が主宰する教室でも大人気です。

材料
（約21×8cm、高さ6cmのパウンド型1台分）

強力粉 … 210g

A
- ドライイースト … 小さじ1と1/2
- 砂糖 … 小さじ1
- とき卵 … 30g
- コンデンスミルク … 20g
- カルピス … 50g
- 牛乳（約30℃）… 60mℓ

塩 … 小さじ1/3

レモンの皮のすりおろし … 少々

とき卵 … 適量

クランベリー（ドライ）… 40g

準備

* クランベリーはたっぷりの水に10分ほどつけて戻す。ふっくら戻ったらペーパータオルで包んで水気をふく。
* 型にオーブンシートを敷く。
* 作り方 **8** の後、オーブンを180℃に予熱する。
* 卵1個はといて30gをはかり、残りはつやだし用にとっておく。

作り方 (p.12-15参照)

1 ボウルに強力粉の半量、**A**を入れて混ぜる。

2 イーストが溶けたら、残りの強力粉、塩、レモンの皮を加える。

3 ゴムべらでよく混ぜ、ひとまとまりにする。

4 生地を2等分し、各30秒ずつフードプロセッサーにかける。

5 生地を合わせ、クランベリーを加えて混ぜ込む。生地を丸め直し、一次発酵（40℃で25分）。

6 ガス抜きをし、生地を3等分し、一つずつ丸め、ベンチタイム（5分）。

7 成形。一つずつ丸め直し、型に並べ入れる。

8 二次発酵（40℃で30分）。型から生地が2cmほど出るまで。上面に残りのとき卵をはけでぬる。

9 180℃のオーブンに入れ、18分焼く（電気オーブンの場合は190℃で22分）。すぐに型から出し、冷ます。

油脂を使ったレシピ

218 kcal

この本のレシピ

196 kcal

1人分1/6切れ

※野菜の水分量で生地のかたさが変わりやすいので、
水や粉を少々加えるなどして調節をしてください。

ゆでたほうれん草を加え
た緑色のパンです。フード
プロセッサーにかけるの
で、ほうれん草はざっと刻
む程度で大丈夫です。

野菜の色、香り、自然な甘みがアクセント

野菜の食パン

ほうれん草食パン

材料（約21×8cm、高さ6cmのパウンド型1台分）

強力粉 … 220g

A
┌ ドライイースト … 小さじ1と2/3
│ 砂糖 … 大さじ1
│ とき卵 … 35g
│ 牛乳（約30℃）… 85ml
└ 水あめ … 15g

ほうれん草（ゆでて水気を絞ったもの）… 70g

塩 … 小さじ1/2

準備

＊ ほうれん草は粗く刻む。

＊ 型にオーブンシートを敷く。

＊ 作り方 **8** の後、オーブンを180℃に予熱する。

作り方（p.12-15参照）

1　ボウルに強力粉の半量、**A**、刻んだほうれん草を入れて混ぜる。

2　イーストが溶けたら、残りの強力粉、塩を加える。

3　ゴムべらでよく混ぜ、ひとまとまりにする。

4　生地を2等分し、各30秒ずつフードプロセッサーにかける。

5　生地を合わせ、丸めて、一次発酵（40℃で25分）。

6　ガス抜きをし、生地を丸め、ベンチタイム（10分）。

7　成形。めん棒で横18×縦28cmにのばす。裏返し、手前から巻き、端は下から持ち上げて指でつまんでとめる。とじ目を下にして型に入れる。

8　二次発酵（40℃で30分）。型から生地が2cmほど出るまで。

9　180℃のオーブンに入れ、18分焼く（電気オーブンの場合は190℃で22分）。すぐに型から出し、冷ます。

ゆでたほうれん草は、水気をぎゅっと絞る。混ぜやすいよう2cm幅ほどに刻む。

刻んだほうれん草は、粉と一緒に混ぜ込む。

フードプロセッサーにかけると粉砕されて緑色の生地になる。

キャロット食パン

材料(約21×8cm、高さ6cmのパウンド型1台分)

強力粉 … 220g

A
┌ ドライイースト … 小さじ1と2/3
│ 砂糖 … 大さじ1
│ とき卵 … 35g
│ 牛乳(約30℃) … 60mℓ
└ コンデンスミルク … 20g

にんじん(皮をむいたもの) … 90g

塩 … 小さじ1/2

準備

＊ にんじんはすりおろす。
＊ 型にオーブンシートを敷く。
＊ 作り方 **8** の後、オーブンを180℃に予熱する。

作り方 (p.12-15参照)

1　ボウルに強力粉の半量、**A**、すりおろしたにんじんを入れて混ぜる。

2　イーストが溶けたら、残りの強力粉、塩を加える。

3　ゴムべらでよく混ぜ、ひとまとまりにする。粉っぽいが、フードプロセッサーにかけると、にんじんから水分が出てちょうどよくなるので、ここでは水を足さない。

4　生地を2等分し、各30秒ずつフードプロセッサーにかける。

5　生地を合わせ、丸めて、一次発酵(40℃で25分)。

6　ガス抜きをし、生地を2等分し、丸めて、ベンチタイム(10分)。

7　成形。一つずつ両手で転がして35cmの棒状にのばす。2本を交差して編む。型に入れる。

8　二次発酵(40℃で30分)。型から生地が2cmほど出るまで。

9　180℃のオーブンに入れ、18分焼く(電気オーブンの場合は190℃で22分)。すぐに型から出し、冷ます。

両手で生地を転がしてのばし、長さ35cmほどにする。

2本を×印に置く。

中央を起点に、手前側、奥側と、生地を交差させる。端は生地をくっつけてとめる。

すりおろしたにんじんを粉に加えて混ぜ込みます。淡いオレンジ色のビタミンカラーのパンです。

デパ地下で人気のパンを油脂なしで再現。玉ねぎは電子レンジで加熱して甘さを引き出してから使います。

オニオンブレッド

材料
(約21×8cm、高さ6cmのパウンド型1台分)

強力粉 … 220g

A ┌ ドライイースト
  │   … 小さじ1と2/3
  │ 砂糖 … 大さじ1
  │ とき卵 … 35g
  │ 牛乳(約30℃) … 110mℓ
  └ コンデンスミルク … 20g

塩 … 小さじ1/2

〈フィリング〉
  ┌ 玉ねぎ … 120g
  │ ハム(みじん切り) … 1枚
  └ パルメザンチーズ … 小さじ1

とき卵 … 適量
パルメザンチーズ … 小さじ1

準備

＊ フィリングを作る。玉ねぎはみじん切りにし、耐熱容器に入れ、ラップをかけずに電子レンジ500Wで3分加熱する。冷ましてから、パルメザンチーズ、ハムを混ぜる。
＊ 型にオーブンシートを敷く。
＊ 作り方 **8** の後、オーブンを180℃に予熱する。
＊ 卵1個はといて35gをはかり、残りはつやだし用にとっておく。

作り方 (p.12-15 参照)

1 ボウルに強力粉の半量、**A** を入れて混ぜる。

2 イーストが溶けたら、残りの強力粉、塩を加える。

3 ゴムべらでよく混ぜ、ひとまとまりにする。

4 生地を2等分し、各30秒ずつフードプロセッサーにかける。

5 生地を合わせ、丸めて一次発酵(40℃で25分)。

6 ガス抜きをし、生地を丸め、ベンチタイム(10分)。

7 成形。めん棒で横20×縦25cmにのばし、横長に置いて裏返し、上部を少し残してフィリングをゴムべらで広げる。手前から巻き、端は指でつまんでとめる。縦に置き、上部を少し残して縦半分に切り、生地を交差させて編む。型に入れる。

8 二次発酵(40℃で30分)。型から生地が1cmほど出るまで。上面に残りのとき卵をはけでぬり、パルメザンチーズを散らす。

9 180℃のオーブンに入れ、18分焼く(電気オーブンの場合は190℃で22分)。すぐに型から出し、冷ます。

上部に巻き終わり部分を2cmほど残して、フィリングを広げる。

手前からくるくると巻き、端は下から持ち上げて、指でつまんでとめる。

縦に置き、上部を2cmほど残して縦半分に切る。

生地の端を型で押さえ、交差させて編む。

41

1人分1/6切れ

177 kcal ＞ **152** kcal

コーンフランス食パン

生地にはコーンフラワー（とうもろこしをひいた粉）を使い、粒コーンも混ぜ込みます。粒コーンはオーブンでから焼きして水分を飛ばすのがコツ。

材料
（約21×8cm、高さ6cmのパウンド型1台分）

強力粉 … 210g

コーンフラワー … 30g

A｜ドライイースト … 小さじ1と1/2
　｜砂糖 … 小さじ1
　｜ぬるま湯（約30℃）… 170㎖
　｜水あめ … 20g

塩 … 小さじ1/2

粒コーン（缶詰など）… 60g

準備

＊ 粒コーンは170℃のオーブンで10分から焼きし、冷ます。

＊ 型にオーブンシートを敷く。

＊ 作り方**8**の後、オーブンを200℃に予熱する。

作り方（p.12-15参照）

1　ボウルに強力粉の半量、**A**を入れて混ぜる。

2　イーストが溶けたら、残りの強力粉、コーンフラワー、塩を加える。

3　ゴムべらでよく混ぜ、ひとまとまりにする。

4　生地を2等分し、各30秒ずつフードプロセッサーにかける。

5　生地を合わせ、粒コーンを加えて混ぜ込む。生地を丸め、一次発酵（30℃で25分）。

6　ガス抜きをし、生地を丸め、ベンチタイム（10分）。

7　成形。めん棒で横18×縦28cmにのばす。裏返し、手前からくるくると巻き、端は指でつまんでとめる。とじ目を下にして型に入れる。

8　二次発酵（30℃で25分）。型から生地が1cmほど出るまで。

9　200℃のオーブンに入れ、ぬるま湯でたっぷり霧を吹き、20分焼く（電気オーブンの場合は210℃で30分）。すぐに型から出し、冷ます。

材料
(約21×8cm、高さ6cmのパウンド型1台分)

強力粉 … 200g

A
- ドライイースト … 小さじ1と2/3
- 砂糖 … 大さじ1
- とき卵 … 35g
- 牛乳(約30℃) … 65㎖
- コンデンスミルク … 20g

かぼちゃ(皮を除いたもの) … 100g
塩 … 小さじ1/2

シナモンパウダー … 小さじ1/2
グラニュー糖 … 大さじ1/2

準備
* Aのかぼちゃは一口大に切り、耐熱容器に入れ、ラップをして電子レンジ500Wで3分加熱し、つぶしてから冷ます。
* 型にオーブンシートを敷く。
* 作り方8の後、オーブンを180℃に予熱する。

油脂を使ったレシピ　この本のレシピ

1人分1/6切れ　197kcal ＞ 175kcal

作り方 (p.12-15参照)

1　ボウルに強力粉の半量、**A**、つぶしたかぼちゃを入れて混ぜる。

2　イーストが溶けたら、残りの強力粉、塩を加える。

3　ゴムべらでよく混ぜ、ひとまとまりにする。

4　生地を2等分し、各30秒ずつフードプロセッサーにかける。

5　生地を合わせ、丸めて、一次発酵(40℃で25分)。

6　ガス抜きをし、生地を丸め、ベンチタイム(10分)。

7　成形。めん棒で横18×縦28cmにのばす。裏返し、シナモンパウダーとグラニュー糖を全体に散らす。手前から巻き、端は指でつまんでとめる。とじ目を下にして型に入れる。

8　二次発酵(40℃で30分)。型から生地が1cmほど出るまで。

9　180℃のオーブンに入れ、18分焼く(電気オーブンの場合は190℃で22分)。すぐに型から出し、冷ます。

かぼちゃの
シナモンロール

生地はかぼちゃの黄色、ふんわりとした食感です。巻き込んだシナモンパウダーが香り高く、断面の模様となってアクセントに。

バターは入りませんが、卵
のコクとレモンの香りの
ふんわりブリオッシュです。
甘いパンなので、発酵に
少し時間がかかります。

レモン、りんご、バナナなど手に入りやすいもので
フルーツの食パン

はちみつレモンブリオッシュ

材料（約21×8cm、高さ6cmのパウンド型1台分）

強力粉 … 170g

A
┌ ドライイースト … 小さじ1と1/3
│ 砂糖 … 大さじ1
│ 牛乳（約30℃）… 70㎖
└ はちみつ … 30g

卵黄 … 2個分

レモン汁 … 15㎖

レモンの皮のすりおろし … 少々

塩 … 小さじ1/3

卵白 … 適量

ワッフルシュガー … 小さじ1

準備

＊ 型にオーブンシートを敷く。
＊ 作り方8の後、オーブンを170℃に予熱
　する。

作り方 (p.12-15参照)

1　ボウルに強力粉60g、Aを入れて混ぜる。

2　イーストが溶けたら、残りの強力粉、卵黄、レモン汁、レモンの皮のすりおろし、塩を加える。

3　ゴムべらでよく混ぜ、ひとまとまりにする。

4　生地を2等分し、各30秒ずつフードプロセッサーにかける。

5　生地を合わせ、丸めて、一次発酵（40℃で30分）。

6　ガス抜きをし、3等分にする。一つずつ丸め、ベンチタイム（10分）。

7　成形。一つずつ両手で転がして、25cmの棒状にのばす。3本の生地で三つ編みにし、端は指でつまんでとめる。型に入れる。

8　二次発酵（40℃で30分）。型の縁の高さまでふくらんだら、上面に卵白をはけでぬり、ワッフルシュガーを散らす。

9　170℃のオーブンに入れ、16分焼く（電気オーブンの場合は180℃で20分）。すぐに型から出し、冷ます。

3等分した生地は、1つずつ両手で転がして25cmの棒状にのばす。

3本を上でとめ、三つ編みにする。

カフェマロン食パン

コーヒー味のパン生地にさつまいもフィリングと栗の甘露煮をちりばめ成形しました。秋をイメージしたパンです。

材料
（約21×8cm、高さ6cmのパウンド型1台分）

強力粉…160g

A
- ドライイースト
  …小さじ1と1/3
- 砂糖…大さじ1
- とき卵…20g
- 牛乳(約30℃)…80mℓ
- コンデンスミルク…10g
- インスタントコーヒー
  …大さじ1と1/3

塩…小さじ1/3

〈フィリング〉
- さつまいも(皮をむいて)…80g
- 砂糖…大さじ1
- 牛乳…小さじ1
- バニラオイル…少々

栗の甘露煮(市販品)…50g

とき卵、けしの実…各適量

準備

＊ フィリングを作る。さつまいもは水からゆで、ボウルに取り出し、砂糖、牛乳、バニラオイルを加えてつぶす。

＊ 栗は細かく刻む。

＊ 型にオーブンシートを敷く。

＊ 作り方 **8** の後、オーブンを180℃に予熱する。

＊ 卵1個はといて20gをはかり、残りはつや出し用にとっておく。

作り方 (p.12 - 15 参照)

1　ボウルに強力粉の半量、**A**を入れて混ぜる。

2　イーストが溶けたら、残りの強力粉、塩を加える。

3　ゴムべらでよく混ぜ、ひとまとまりにする。

4　生地を2等分し、各30秒ずつフードプロセッサーにかける。

5　生地を合わせ、丸めて一次発酵(40℃で25分)。

6　ガス抜きをし、生地を2等分し、一つずつ丸め、ベンチタイム(10分)。

7　成形。一つをめん棒で横13×縦25 cmにのばし、横長に置いて裏返し、上部を少し残してフィリングをゴムべらでぬり、栗の甘露煮を散らす。手前から巻き、端は指でつまんでとめる。上部を少し残して縦半分に切り、生地を交差させて編み、巻いて型に入れる。残りも同様にする。

8　二次発酵(40℃で30分)。型から生地が1cmほど出るまで。残りのとき卵をはけでぬり、けしの実を散らす。

9　180℃のオーブンに入れ、18分焼く(電気オーブンの場合は190℃で22分)。すぐに型から出し、冷ます。

分割した一つを13×25cmにのばし、上部1cmを残してフィリングをぬり、刻んだ栗の甘露煮を散らす。

縦に置き、上部を2cmほど残して、縦半分に切る。

生地の端を型で押さえ、交差させて編む。

切り口を上にして巻き、型に入れる。

アップルシナモン
食パン

定番のアップルシナモンロールをノンオイルで。紅玉やジョナゴールドなど酸味のあるりんごがおすすめです。

材料
（約21×8cm、高さ6cmのパウンド型1台分）

強力粉 … 180g

A ┌ ドライイースト
　　… 小さじ1と1/3
　│ 砂糖 … 大さじ1
　│ とき卵 … 30g
　│ 牛乳（約30℃）… 90ml
　└ コンデンスミルク … 10g

塩 … 小さじ1/3

りんご … 1/2個
シナモンパウダー … 大さじ1/2
グラニュー糖 … 小さじ1

とき卵 … 適量
アーモンドスライス … 適量

準備

＊ りんごは皮をむき、いちょう切りにする。耐熱容器に入れ、砂糖大さじ1/2（分量外）をふり、ラップをせずに電子レンジ500Wで3分加熱。冷めるまでおく。

＊ 型にオーブンシートを敷く。

＊ 作り方**8**の後、オーブンを180℃に予熱する。

＊ 卵1個はといて30gをはかり、残りはつやだし用にとっておく。

作り方 (p.12-15参照)

1　ボウルに強力粉の半量、**A**を混ぜる。

2　イーストが溶けたら、残りの強力粉、塩を加える。

3　ゴムべらでよく混ぜ、ひとまとまりにする。

4　生地を2等分し、各30秒ずつフードプロセッサーにかける。

5　生地を合わせ、丸めて、一次発酵（40℃で25分）。

6　ガス抜きをし、生地を丸め、ベンチタイム（10分）。

7　成形。めん棒で横20×縦25cmにのばす。横長に置いて裏返し、上部を少し残してシナモンパウダー、グラニュー糖をふり、加熱したりんごを散らす。手前から巻き、端は下から持ち上げて指でつまんでとめる。これを4等分の輪切りにし、切り口を上にして型に入れる。

8　二次発酵（40℃で30分）。型から生地が1cmほど出るまで。残りのとき卵をはけでぬり、アーモンドスライスを散らす。

9　180℃のオーブンに入れ、18分焼く（電気オーブンの場合は190℃で22分）。すぐに型から出し、冷ます。

上部に巻き終わり部分を2cmほど残して、シナモンパウダー、グラニュー糖をふり、加熱したりんごを散らす。

手前からくるくると巻き、端を下から持ち上げて、指でつまんでとめる。

4等分の輪切りにする。

切り口を上にして型に入れる。写真は二次発酵前。

1人分1/6切れ　**213** kcal　＞　**177** kcal

材料
（約21×8cm、高さ6cmのパウンド型1台分）

強力粉 … 210g

A
- ドライイースト … 小さじ1と1/2
- 砂糖 … 大さじ1
- 牛乳（約30℃）… 50ml
- コンデンスミルク … 25g

冷凍ブルーベリー … 100g

塩 … 小さじ1/3

レモン汁 … 小さじ1/2

ブルーベリージャム（市販品）… 大さじ1

準備
* 冷凍ブルーベリーは解凍してつぶす。
* 型にオーブンシートを敷く。
* 作り方**8**の後、オーブンを180℃に予熱する。

ブルーベリー食パン
紫の美しい色合いのパンです。レモン汁を入れると、鮮やかな紫色に発色するので、少量ですが忘れずに加えてください。

作り方 (p.12-15参照)

1 ボウルに強力粉の半量、**A**、つぶしたブルーベリーを混ぜる。

2 イーストが溶けたら、残りの強力粉、塩、レモン汁を加える。

3 ゴムべらでよく混ぜ、ひとまとまりにする。

4 生地を2等分し、各30秒ずつフードプロセッサーにかける。

5 生地を合わせ、丸めて、一次発酵（40℃で25分）。

6 ガス抜きをし、生地を丸め、ベンチタイム（10分）。

7 成形。めん棒で横18×縦28cmにのばす。裏返し、上部を2cmほど残してブルーベリージャムをゴムべらでぬる。手前から巻き、端は指でつまんでとめる。とじ目を下にして型に入れる。

8 二次発酵（40℃で30分）。型から生地が1cmほど出るまで。

9 180℃のオーブンに入れ、18分焼く（電気オーブンの場合は190℃で22分）。すぐに型から出し、冷ます。

材料
(約21×8cm、高さ6cmのパウンド型1台分)

強力粉 … 210g

A
- ドライイースト … 小さじ1と1/2
- 砂糖 … 大さじ1と1/2
- とき卵 … 35g
- 牛乳(約30℃) … 60㎖
- コンデンスミルク … 20g

バナナ(皮をむいたもの) … 65g
塩 … 小さじ1/3

〈チョコフィリング〉
- ココアパウダー … 大さじ1
- 砂糖 … 大さじ1
- 薄力粉 … 大さじ1
- 牛乳 … 大さじ1強

とき卵 … 適量
アーモンドスライス … 適量

準備
* バナナはつぶしてピュレ状にする。
* チョコフィリングの材料を混ぜる。
* 型にオーブンシートを敷く。
* 作り方**8**の後、オーブンを180℃に予熱する。
* 卵1個はといて35gをはかり、残りはつやだし用にとっておく。

作り方 (p.12-15参照)

1 ボウルに強力粉の半量、**A**、つぶしたバナナを混ぜる。

2 イーストが溶けたら、残りの強力粉、塩を加える。

3 ゴムべらでよく混ぜ、ひとまとまりにする。

4 生地を2等分し、各30秒ずつフードプロセッサーにかける。

5 生地を合わせ、丸めて、一次発酵(40℃で25分)。

6 ガス抜きをし、生地を丸め、ベンチタイム(10分)。

7 成形。めん棒で横18×縦28cmにのばす。裏返し、上部を2cmほど残してチョコフィリングをゴムべらでぬる。手前から巻き、端は指でつまんでとめる。とじ目を下にして型に入れる。

8 二次発酵(40℃で30分)。型から生地が1cmほど出るまで。上面に残りのとき卵をはけでぬり、アーモンドスライスを散らす。

9 180℃のオーブンに入れ、18分焼く(電気オーブンの場合は190℃で22分)。すぐに型から出し、冷ます。

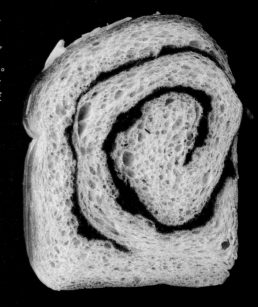

チョコバナナ食パン

生地にバナナを入れ、チョコフィリングを巻きました。バナナは完熟のものを使うのがポイント。

51

食事代わりにもなるボリューム感。お弁当や、スープと合わせて夕食にも。

お惣菜食パン

キーマカレーパン

カレー粉入りの黄色いパン生地で手作りカレーを巻きます。火が通りにくいので長めに焼いてください。

材料
（約21×8cm、高さ6cmのパウンド型1台分）

強力粉 … 120g

全粒粉 … 30g

A
- ドライイースト … 小さじ1
- カレー粉 … 小さじ1と1/2
- 砂糖 … 大さじ1/2
- とき卵 … 20g
- 牛乳（約30℃）… 90㎖
- コンデンスミルク … 10g

塩 … 小さじ1/3

とき卵 … 適量

冷凍枝豆（解凍してさやから出す）… 40g

準備

＊ カレーフィリングを作る。フライパンを熱して玉ねぎとひき肉を炒める。豆、調味料類を順に加えて炒め、冷ます。

＊ 型にオーブンシートを敷く。

＊ 作り方**8**の後、オーブンを190℃に予熱する。

〈カレーフィリング〉

└ 豚ひき肉(赤身) … 50g

　玉ねぎ(みじん切り) … 1/4個分

　ミックスビーンズ(缶詰など) … 50g

　カレー粉 … 小さじ1弱

　ガラムマサラ … 少々

　ケチャップ … 大さじ1と1/2

　ウスターソース … 小さじ1

　塩 … ひとつまみ

└ こしょう … 適量

パン粉 … 大さじ1

作り方(p.12-15参照)

1　ボウルに強力粉の半量、全粒粉の半量、**A**を入れて混ぜる。

2　イーストが溶けたら、残りの強力粉、残りの全粒粉、塩を加える。

3　ゴムべらでよく混ぜ、ひとまとまりにする。

4　生地をフードプロセッサーに40秒かける。生地量が少ないので全量入れてよい。

5　枝豆を混ぜ込む。丸めて、一次発酵(40℃で25分)。

6　ガス抜きをし、生地を丸め、ベンチタイム(10分)。

7　成形。めん棒で横16×縦25cmにのばす。裏返し、上部を少し残してカレーフィリングをゴムべらでぬる。手前から巻き、端は指でつまんでとめる。とじ目を下にして型に入れる。

8　二次発酵(40℃で30分)。型から生地が1cmほど出るまで。上面に残りのとき卵をはけでぬり、パン粉をふる。

9　190℃のオーブンに入れ、25分焼く(電気オーブンの場合は200℃で30分)。すぐに型から出し、冷ます。

＊卵1個はといて20gをはかり、残りはつやだし用にとっておく。

生地の上部に巻き終わりを2cmほど残して、カレーフィリングを全体にぬる。

手前からころころと巻く。

巻き終わりは、生地を下から持ち上げてくっつけ、指でつまんでとめる。

明太子フィリングをぬった生地、そのままの白い生地、のりの順で重ねて層にします。天板で重しをして角型に焼き上げます。

明太子フランス食パン

材料
（約21×8cm、高さ6cmのパウンド型1台分）

強力粉 … 200g

A ┌ ドライイースト
　　　… 小さじ1と1/3
　砂糖 … 小さじ1弱
　ぬるま湯（40℃）… 130㎖
　└ 水あめ … 15g

塩 … 小さじ1/3

〈フィリング〉
　┌ 明太子 … 1腹（50g）
　└ パルメザンチーズ … 小さじ1

のり … 全形1枚

準備

＊ フィリングを作る。明太子は薄皮に切り目を入れて中身をしごき出し、パルメザンチーズを混ぜる。5等分にする。

＊ のりは9×5cmに切る。

＊ 型にオーブンシートを敷く。

＊ 作り方8の後、オーブンを200℃に予熱する。

＊ 空の牛乳パックをシート状にする。

作り方 (p.12-15参照)

1 ボウルに強力粉の半量、**A**を入れて混ぜる。

2 イーストが溶けたら、残りの強力粉、塩を加える。

3 ゴムべらでよく混ぜ、ひとまとまりにする。基本の生地よりやわらかい。

4 生地を2等分し、各30秒ずつフードプロセッサーにかける。

5 一つずつ丸めて、一次発酵(30℃で25分)。

6 ガス抜きをし、10等分に切り分ける。一つずつ丸め直し、ベンチタイム(10分)。

7 成形。一つの生地をめん棒で横5×縦18cmにのばし、フィリングの1/5量をゴムべらでぬる。次の生地を同様にのばし、重ね、軽くめん棒でのばしたら、のり2枚を縦に並べて置く。これを繰り返し、層にして、型に入れる。

8 二次発酵(30℃で25分)。型の縁の高さまでふくらんだら、オーブンシートをかぶせ、シート状の牛乳パックで覆い、さらにオーブンシートをのせ、天板をのせて重しにする(同じ型があれば平行に置いて支えにすると傾かない)。

9 200℃のオーブンに入れ、ぬるま湯でたっぷりと霧を吹き、20分焼く(電気オーブンの場合は210℃で30分)。すぐに型から出し、冷ます。

横5×縦18cmにのばし、明太子フィリングをぬる。

同様にのばした生地を重ねる。

のりを縦に並べてのせる。

以上を繰り返し、最後は白い生地で終わる。

55

イタリアン食パン

材料（約21×8cm、高さ6cmのパウンド型1台分）

強力粉 … 220g

A
┌ ドライイースト … 小さじ1と2/3
│ 砂糖 … 大さじ1
│ とき卵 … 35g
│ トマトジュース（約30℃） … 120mℓ
└ コンデンスミルク … 20g

塩 … 小さじ1/2

パプリカやピーマンなど … 40g
ブラックオリーブ … 10g
ソーセージ … 40g

準備

＊ パプリカ、ピーマン、オリーブ、ソーセージは
　すべて5mm角に切る。
＊ 型にオーブンシートを敷く。
＊ 作り方**8**の後、オーブンを180℃に予熱する。

作り方（p.12-15参照）

1　ボウルに強力粉の半量、**A**を入れて混ぜる。

2　イーストが溶けたら、残りの強力粉、塩を加える。

3　ゴムべらでよく混ぜ、ひとかたまりにする。

4　生地を2等分し、各30秒ずつフードプロセッサーにかける。

5　生地を合わせ、パプリカ、ピーマン、オリーブ、ソーセージを加えて混ぜ込む。丸めて、一次発酵（40℃で25分）。

6　ガス抜きをし、生地を丸め、ベンチタイム（10分）。

7　成形。めん棒で横18×縦28cmにのばす。裏返し、手前から巻き、端は指でつまんでとめる。とじ目を下にして型に入れる。

8　二次発酵（40℃で30分）。型から生地が1cmほど出るまで。

9　180℃のオーブンに入れ、18分焼く（電気オーブンの場合は190℃で22分）。すぐに型から出し、冷ます。

粉に混ぜる水分にトマトジュースを使うことで、トマトのきれいな色が出る。

フードプロセッサーにかけた生地に、刻んだピーマン類、オリーブ、ソーセージなど具材を加えて、混ぜ込む。

トマトジュースを温めて仕込み水にしたトマト味のパン生地に、ピーマン、オリーブなどの具材を入れました。パプリカやピーマンはいろいろな色を使うとカラフルになります。

フッ素樹脂加工のフライパンを弱火でよく熱して作ると、油がなくてもくっつかずにスクランブルエッグが作れます。半熟ぐらいがおいしいです。冷ましてから成形してください。

スクランブル ハムエッグ食パン

材料
（約21×8cm、高さ6cmのパウンド型1台分）

強力粉 … 200g

A
┌ ドライイースト
│　 … 小さじ1と1/2
│ 砂糖 … 大さじ1
│ とき卵 … 25g
│ 牛乳（約30℃）… 110㎖
└ 水あめ … 15g

塩 … 小さじ1/3

〈スクランブルエッグ〉
┌ 卵 … 1個
│ 牛乳 … 大さじ1/2
└ 塩、こしょう … 各少々

粒マスタード … 小さじ1

ハム … 2枚

乾燥パセリ … 適量

とき卵 … 適量

準備

＊ スクランブルエッグを作る。卵はといて牛乳、塩、こしょうを混ぜ、熱したフライパンに流し、中火で手早く混ぜ、半熟になったら器などに取り出す。

＊ 型にオーブンシートを敷く。

＊ 作り方**8**の後、オーブンを180℃に予熱する。

＊ 卵1個はといて25gをはかり、残りはつや出し用にとっておく。

作り方（p.12-15 参照）

1　ボウルに強力粉の半量、**A**を入れて混ぜる。

2　イーストが溶けたら、残りの強力粉、塩を加える。

3　ゴムべらでよく混ぜ、ひとまとまりにする。

4　生地を2等分し、各30秒ずつフードプロセッサーにかける。

5　生地を合わせ、丸めて、一次発酵（40℃で25分）。

6　ガス抜きをし、生地を丸め、ベンチタイム（10分）。

7　成形。めん棒で横20×縦25cmにのばし、横長に置いて裏返し、上部を少し残してマスタードをゴムべらでぬり、ハム、スクランブルエッグをのせ、パセリをふる。手前から巻き、巻き終わりは指でつまんでとめる。縦におき、上部を少し残して縦半分に切り、2本を交差させて編む。型に入れる。

8　二次発酵（40℃で30分）。型から生地が1cmほど出るまで。上面に残ったとき卵をはけでぬり、パセリをふる。

9　180℃のオーブンに入れ、18分焼く（電気オーブンの場合は190℃で22分）。すぐに型から出し、冷ます。

20×25cmにのばした生地は、裏返しにして横長に置いて、上部2cmを残してマスタードをゴムべらでぬり、ハムを並べて、スクランブルエッグを散らす。

手前から巻いて巻き終わりをとめ、縦に置いて、上部を2cmほど残し縦半分に切る。

生地の端を型で押さえ、2本を交差させて編む。切り口を上にして型に入れる。

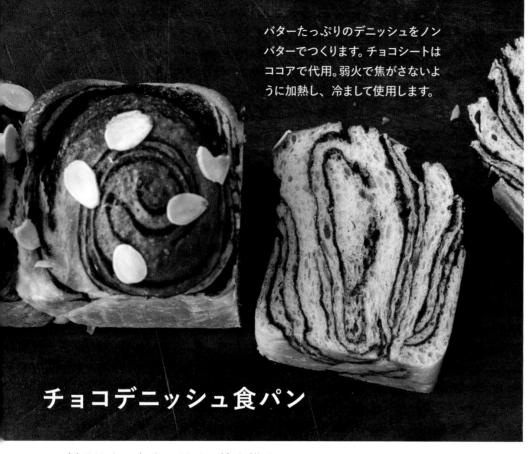

バターたっぷりのデニッシュをノンバターでつくります。チョコシートはココアで代用。弱火で焦がさないように加熱し、冷まして使用します。

チョコデニッシュ食パン

折り込む、色をつける、絵を描く。

ほめられ食パン

材料
（約21×8cm、高さ6cmのパウンド型1台分）

強力粉 … 170g

A
- ドライイースト … 小さじ1と1/3
- 砂糖 … 大さじ1
- 牛乳（約30℃）… 110mℓ
- コンデンスミルク … 15g

卵黄 … 1個分

塩 … 小さじ1/3

〈チョコシート〉
- ココアパウダー … 13g
- 強力粉 … 13g
- 砂糖 … 35g
- 牛乳 … 40mℓ

卵白 … 適量

グラニュー糖 … 適量

アーモンドスライス … 適量

準備

* チョコシートを作る。強力粉、ココアパウダー、砂糖をフッ素樹脂加工の鍋にふるい入れ、牛乳を注ぎ、混ぜる。中火で焦がさないように混ぜながら、鍋肌からはがれて固まりになるまで加熱する。火を止め、冷めるまでおく。

* 型にオーブンシートを敷く。

* 作り方 **8** の後、オーブンを180℃に予熱する。

作り方 (p.12-15 参照)

1 ボウルに強力粉の半量、**A**を混ぜる。

2 イーストが溶けたら、残りの強力粉、卵黄、塩を加える。

3 ゴムべらでよく混ぜ、ひとかたまりにする。

4 生地を2等分し、各30秒ずつフードプロセッサーにかける。

5 生地を合わせ、丸めて、一次発酵(40℃で25分)。

6 ガス抜きをし、生地を丸め、ベンチタイム(10分)。

7 成形。めん棒で横25×縦30cmにのばす。横長に置き、中心部分にチョコシートをゴムべらでぬる。両側の生地を内側に折り、少し重ねて指でとめ、三つ折りにする。生地を90度回してめん棒でのばし、再度三つ折りにする。10分休ませる。次にめん棒で横17×縦22cmにのばし、手前から巻き、3等分の輪切りにする。切り口を上にして型に入れる。

8 二次発酵(40℃で30分)。型から生地が1cmほど出るまで。上面に卵白をはけでぬり、グラニュー糖をふり、アーモンドスライスを散らす。

9 180℃のオーブンに入れ、18分焼く(電気オーブンの場合は190℃で22分)。すぐに型から出し、冷ます。

生地はのばしたら横長に置き、中心10cm幅に、チョコシートをぬる。

中央に向かって左右から生地を折って重ねる。

手前と奥から生地を三つ折りにする。

いちごパウダーを生地に加えて
きれいなピンクに。折り込みシ
ートに冷凍いちごを使いました。

いちごデニッシュ食パン

材料
（約21×8cm、高さ6cmのパウンド型1台分）

強力粉…170g

A
- ドライイースト
  …小さじ1と1/3
- 砂糖…大さじ1
- 牛乳（約30℃）…110㎖
- コンデンスミルク…15g
- ストロベリーパウダー…小さじ1

卵黄…1個分
塩…小さじ1/3

〈いちごシート〉
- 冷凍いちご…60g
- 強力粉…20g
- 砂糖…35g
- レモン汁…小さじ1

卵白、グラニュー糖…各適量
いちごジャム（市販品）…大さじ1
ピスタチオ…3粒

準備

＊ ストロベリーパウダーは微量の水（分量外）で溶く。

＊ いちごシートを作る。冷凍いちごは、電子レンジ500Wで1分加熱し、レモン汁を加えてつぶす。フッ素樹脂加工の鍋に砂糖、強力粉、つぶしたいちごを入れ、よく混ぜる。中火で焦がさないように混ぜながら、鍋肌からはがれて固まりになるまで加熱する。火を止め、冷めるまでおく。

＊ 型にオーブンシートを敷く。

＊ 作り方 **8** の後、オーブンを180℃に予熱する。

作り方 (p.12-15参照)

1 ボウルに強力粉の半量、**A** を混ぜる。

2 イーストが溶けたら、残りの強力粉、卵黄、塩を加える。

4 ゴムべらでよく混ぜ、ひとまとまりにする。

5 生地を2等分し、各30秒ずつフードプロセッサーにかける。

5 生地を合わせ、丸めて、一次発酵（40℃で25分）。

6 ガス抜きをし、生地を丸め、ベンチタイム（10分）。

7 成形。めん棒で横25×縦30cmにのばす。横長に置き、中心10cm幅にいちごシートをゴムべらでぬる。両側の生地を内側に折り、少し重ねてとめ、三つ折りにする。生地を90度回してめん棒でのばし、再度三つ折りにする。10分休ませる。次にめん棒で横25×縦15cmにのばし、横に4本に切り分ける。2本1組にして重ね、交差させて編み、型に入れる。

8 二次発酵（40℃で30分）。型から生地が1cmほど出るまで。卵白をはけでぬり、グラニュー糖をふる。

9 180℃のオーブンに入れ、18分焼く（電気オーブンの場合は190℃で22分）。すぐに型から出し、冷ます。上面にいちごジャムをはけでぬり、刻んだピスタチオをのせる。

いちごシートを折り込んだ生地を再度のばし、4等分に切る。

2本ずつ重ねたものを×印に置く。

中心から奥側、手前と、生地を交差させて編む。

レインボーブレッド

材料（約21×8cm、高さ6cmのパウンド型1台分）

強力粉 … 220g

A
┌ ドライイースト … 小さじ1と2/3
│ 砂糖 … 大さじ2
│ とき卵 … 35g
│ 牛乳（約30℃）… 110㎖
└ コンデンスミルク … 20g

塩 … 小さじ1/2

バニラオイル … 少々

抹茶 … 小さじ1/3

紅いもパウダー … 大さじ1

ストロベリーパウダー … 小さじ1弱

かぼちゃ（皮を除いたもの）… 20g

準備

＊ ストロベリーパウダーは微量の水で溶く。
＊ かぼちゃは耐熱容器に入れてラップをし、電子レンジ500Wで1分加熱し、冷ます。
＊ 型にオーブンシートを敷く。
＊ 作り方8の後、オーブンを180℃に予熱する。

作り方（p.12-15参照）

1 ボウルに強力粉の半量、**A**を入れて混ぜる。

2 イーストが溶けたら、残りの強力粉、塩、バニラオイルを加える。

3 ゴムべらでよく混ぜ、ひとまとまりにする。

4 生地を5等分にする。一つめをフードプロセッサーに入れ、20秒攪拌し、取り出す。二つめは、ストロベリーパウダーを溶いたものを加え、同様にする。残りの生地も、かぼちゃ、紅いもパウダー、抹茶をそれぞれ加えて同様にし、5色の生地を作る。

5 一つずつ丸めて、一次発酵（40℃で25分）。

6 ガス抜きをし、一つずつ丸め直し、ベンチタイム（10分）。

7 成形。一つずつ、めん棒で横10×縦20cmにのばし、ピンク、紫、白、黄色、緑の順に重ねる。これを横18×縦28cmにのばす。裏返して、手前から巻き、端は指でつまんでとめる。とじ目を下にして型に入れる。

8 二次発酵（40℃で30分）。型から生地が1cm出るまで。

9 180℃のオーブンに入れ、18分焼く（電気オーブンの場合は190℃で22分）。すぐに型から出し、冷ます。

5等分した生地は、一つずつパウダー類などを混ぜてフードプロセッサーにかける。5色の生地が同じかたさになるよう、ごく少量の水を加えるなどして調整を。

5色の生地を重ねてのばし、巻く。重ねる順番は好みでOK。

ハワイで人気のパンをノンオイルで。紫色は紅いもパウダーを使うと手軽。また、フードプロセッサーを使うと、違う色の生地を作るのがとてもラクです。

三毛猫食パン

人気の猫パンです。専用の型がなくても作れます。生地は、白、ココア、かぼちゃの3色で、角型に焼き、熱いうちに角をつまんで、耳に見立てました。手作りチョコペンで絵を描いて。

材料
（約21×8cm、高さ6cmのパウンド型1台分）

強力粉 … 180g

A
- ドライイースト … 小さじ1と1/3
- 砂糖 … 大さじ1と1/2
- とき卵 … 25g
- 牛乳（約30℃） … 80mℓ
- コンデンスミルク … 15g

塩 … 小さじ1/3

ココアパウダー … 大さじ1

かぼちゃ（皮を除いたもの） … 30g

〈お絵描き用チョコペン〉
- ココアパウダー … 大さじ2
- 砂糖 … 大さじ1
- 牛乳 … 小さじ1

準備

＊ かぼちゃは耐熱容器に入れてラップをし、電子レンジ500Ｗで1分30秒加熱し、冷ます。

＊ 型にオーブンシートを敷く。

＊ 作り方8の後、オーブンを180℃に予熱する。

＊ 空の牛乳パックをシート状にする。

作り方 (p.12-15参照)

1 ボウルに強力粉の半量、Ａを入れて混ぜる。

2 イーストが溶けたら、残りの強力粉、塩を加える。

3 ゴムべらでよく混ぜ、ひとまとまりにする。

4 生地を3等分に切り分ける。一つめをフードプロセッサーに入れ、30秒攪拌し、取り出す。残りの生地もかぼちゃ、ココアパウダーをそれぞれ加えて同様にする。ココアはかたくなるため水大さじ1/2を足す。3色の生地を作る。

5 一つずつ丸めて、一次発酵(40℃で25分)。

6 ガス抜きをし、一つずつ丸め直し、ベンチタイム(10分)。

7 成形。一つずつ、めん棒で横5×縦21cmにのばし、ココア生地とかぼちゃ生地を縦半分に折り、白い生地の上に並べてのせ、中央は手でつまんで接着する。型に入れる。

8 二次発酵(40℃で30分)。型の縁まで発酵したら、オーブンシートをかぶせ、シート状の牛乳パックで覆い、さらにオーブンシートをのせ、天板をのせて重しにする(同じ型があれば平行に置いて支えにすると傾かない)。

9 180℃のオーブンに入れ、18分焼く(電気オーブンの場合は190℃で22分)。すぐに型から出す。熱いうちに角を指でつまんで三角にする。冷ます。

10 お絵描き用のチョコペンの材料をよく混ぜ、コロネ紙にいれる。パンをスライスし、チョコペンで顔を描く。

白、かぼちゃ、ココアの順にフードプロセッサーにかけると色が混ざりにくく、洗わずに作れる。

それぞれを横5×縦21cmにのばし、ココア生地とかぼちゃ生地を縦半分に折って、白生地にのせる。

焼き上がったら、熱いうちに上部の角をつまんで、つぶして耳のようにする。熱いので注意。

このまま食べるともちっとした独特の食感。薄くスライスして焼くと、ライ麦の香ばしい香りがさらに楽しめます。

ドイツパン風ライ麦パン

さらにお手軽！ 混ぜるだけでOKの簡単食パン
基本の作り方

ボウルで混ぜるだけと簡単で、発酵も一度だけ。生地がやわらかいので成形はできませんが、型に入れて焼くだけ。パン作りは初めてという方におすすめです。

材料 (約21×8cm、高さ6cmのパウンド型1台分)

A ┌ 強力粉 … 80 g
  │ 全粒粉 … 90 g
  │ ライ麦粉 … 40 g
  │ オートミール … 30 g
  │ 砂糖 … 大さじ1
  │ 塩 … 小さじ1/2
  │ ドライイースト … 小さじ2
  │ ぬるま湯 (約40℃) … 240㎖
  └ レモン汁 … 大さじ1

〈具材〉
レーズン … 40 g

準備

＊ レーズンはたっぷりの水に10分ほどつけて戻し、ペーパータオルで包んで水気をふく。
＊ 型にオーブンシートを敷く。
＊ 作り方**4**の後、オーブンを180℃に予熱する。

a. 強力粉

この本では、国産小麦粉を使用。なければ、スーパーで手に入りやすい外国産のもので。その際は、水分を1割ほど多めに入れる。

b. 全粒粉

小麦粉を丸ごと粉にしたもの。国産やオーガニックのものがおすすめ。

c. ライ麦粉

ライ麦を粉にしたもの。細かくひいたもののほうがしっとり焼き上がる。

d. オートミール

オーツ麦が原料。オーガニックのものがおすすめ。

e. 砂糖

上白糖を使用。

f. 塩

さらさらしたものが溶けやすい。

g. ドライイースト

サフの金のラベルを使用。スーパーで手に入る製パン用のものでも。

h. 水

水道水でよいが、できれば浄水器を通して。40℃ほどに温めてぬるま湯にして使用。

i. レモン汁

オーガニックのレモンをしぼって使用。

j. レーズン

製菓用材料で、油がコーティングされていないものを選んで。

作り方

1 ボウルにＡの材料を入れる。

①材料表の上から順に材料を入れる。

②ぬるま湯はイーストに注いで入れるとよい。

2 ゴムべらで、５分ほどよく混ぜる。

③イーストを溶かしながら、ゴムべらでぐるぐると混ぜる。

④全体になじんで、生地がなめらかな状態になるまで充分に混ぜる。目安は約５分。

3 具材を加え、ざっと混ぜる。

⑤具材（ここではレーズン）を加え、ざっと混ぜてなじませる。

4 型に流し入れ、40℃で30分発酵させる。

⑥オーブンシートを敷いた型に流し入れる。ポリ袋に入れ、ふんわりと口を閉じ、発酵させる。

⑦写真は発酵後。型の8割程度ふくらむまで発酵させる。発酵が終わったらオーブンの予熱をする。

5 180℃のオーブンで25分焼く（電気オーブンの場合は190℃で35分）。

⑧5分焼いたら一度取り出し、ナイフで縦に切り込みを入れる。残り時間を焼く。

6 焼き上がったらすぐに型から出し、冷ます。

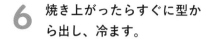

⑨オーブンから出したら、台の上に軽く落とすと、側面がきれいに仕上がる。

⑩型から出し、ケーキクーラーの上で冷ます。型に入れっぱなしだと、蒸れて側面が内側に入り込んだ形になってしまう。

人気のバナナブレッドです。バナナ
は完熟のものがおいしく香りよくで
きます。皮をむいて冷凍しておけば、
自然解凍でいつでも作れて便利。

バナナとくるみのブレッド

材料 (約21×8cm、高さ6cmのパウンド型1台分)

ドライイースト … 小さじ2

ぬるま湯(約40℃) … 40㎖

A
- 強力粉 … 240g
- 三温糖 … 50g
- コンデンスミルク … 25g
- 牛乳(約40℃) … 60㎖
- とき卵 … 50g
- バナナ(皮をむいたもの) … 100g
- 塩 … 小さじ1/3
- バニラオイル … 少々

〈具材〉

くるみ … 30g

準備

＊ 型にオーブンシートを敷く。

＊ バナナはつぶしてピュレ状にする。

＊ くるみは天板に広げ、170℃のオーブンで10分から焼きし、粗く刻む。

＊ 作り方4の後、オーブンを180℃に予熱する。

作り方 (p.70-71参照)

1 ボウルにAの材料を入れ、ぬるま湯で溶かしたイーストを加える。

2 ゴムべらでぐるぐると5分ほどよく混ぜる。

3 くるみを加え、ざっと混ぜてなじませる。

4 型に流し入れ、40℃で30分発酵させる(目安は型の8割の高さにふくらむまで)。

5 180℃のオーブンで25分焼く(電気オーブンの場合は190℃で35分)。5分焼いたら一度取り出し、ナイフで縦に切り込みを入れる。

6 焼き上がったらすぐに型から出し、冷ます。

ドライイーストはあらかじめぬるま湯で溶かしてから生地に加えること。この配合の場合、直接入れると溶けにくく、失敗の原因になる。

バナナは泡立て器やフォークで粒々が残らない程度までつぶす。

黒糖とココアにレーズンの味が
懐かしい日本の焼き菓子のよう。
ドライイーストは必ずぬるま湯に
溶かしてから加えてください。

黒パン

材料
（約21×8cm、高さ6cmのパウンド型1台分）

ドライイースト … 小さじ2
ぬるま湯（約40℃）… 40mℓ

A
- 強力粉 … 220g
- ココアパウダー … 10g
- 黒糖 … 70g
- 牛乳（約40℃）… 140mℓ
- とき卵 … 50g
- コンデンスミルク … 20g
- 塩 … 小さじ1/3

〈具材〉
レーズン … 40g

準備

* レーズンはたっぷりの水に10
  分ほどつけて戻し、ペーパー
  タオルで包んで水気をふく。
* ドライイーストは分量のぬるま
  湯で溶かす。
* 型にオーブンシートを敷く。
* 作り方4の後、オーブンを180
  ℃に予熱する。

作り方 (p.70-71参照)

1　ボウルにAの材料を入れ、ぬ
るま湯で溶かしたイーストを加え
る。

2　ゴムべらでぐるぐると5分ほど
よく混ぜる。

3　具材のレーズンを加え、ざっと
混ぜてなじませる。

4　型に流し入れ、40℃で30分

発酵させる（目安は型の8割の高
さにふくらむまで）。

5　180℃のオーブンで25分焼く
（電気オーブンの場合は190℃で
35分）。5分焼いたら一度出し、ナ
イフで縦に切り込みを入れる。

6　焼き上がったらすぐに型から
出し、冷ます。

グルテンフリーの米粉パン

材料
(約21×8cm、高さ6cmのパウンド型1台分)

A
- 米粉(製菓用)…250g
- 砂糖…大さじ1
- ドライイースト…小さじ2
- 塩…小さじ1/3
- 牛乳(約40℃)…190ml
- 水あめ…25g

＊米粉は製菓用かパン用(グルテンが添加されていないもの)を使用してください。今回使った、ミズホチカラはおすすめ。

準備
＊ 型にオーブンシートを敷く。
＊ 作り方4の後、オーブンを180℃に予熱する。

作り方 (p.70-71参照)

1 ボウルにAの材料を入れる。水あめがたい場合は、温めた牛乳に溶かして入れる。

2 ゴムべらでぐるぐると5分ほどよく混ぜる。

4 型に流し入れ、40℃で30分発酵させる(目安は型の7割の高さにふくらむまで)。

4 180℃のオーブンで25分焼く(電気オーブンの場合は190℃で35分)。

5 焼き上がったらすぐに型から出し、冷ます。熱いうちはうまく切れないため、完全に冷めてから切る。

混ぜた生地はたらたらとリボン状に落ちるくらいのやわらかさ。

小麦アレルギーの方でも安心して食べられます。薄くスライスしてトースターでカリッと焼き、バター風スプレッド(p.17)をつけるとおいしいです。

油脂を使ったレシピ　この本のレシピ

1人分1/6切れ 249 kcal ＞ 201 kcal

パンが残ったら…

食べきれずに残ったら、食べやすい厚さにスライスしてポリ袋に入れ、冷凍庫へ。冷凍で約1カ月保存可能。食べるときはそのままオーブントースターでトーストしてください。お弁当などの場合は、冷凍のまま持っていくと、昼にはちょうどいい具合に解凍できます。

＊冷蔵庫での保存はパンがかたくなる温度帯のため、おすすめしません。

右に残ったパンで作るおやつ3種を紹介しています。甘い味なので、お惣菜パン以外のものならどれを使ってもおいしくできます。

残ったパンでアレンジレシピ①
ミルクシュガーラスク

両面を焼いてカリカリサクサクに。好みで、砂糖と一緒にシナモンパウダーなどをふって香りをつけると、よりおしゃれなアレンジになります。

材料

この本の食パン … 1/2本
牛乳 … 50㎖
グラニュー糖 … 大さじ4

作り方

1 食パンは7㎜程度の厚さにスライスする。
2 両面に牛乳をはけでぬり、グラニュー糖をふる。
3 天板にオーブンシートを敷いて**2**を並べ、150℃に予熱したオーブンで14分焼く。裏返し、180℃に温度を上げ、8分程度、全体にカラっとするまで焼く(電気オーブンの場合は160℃16分→裏返し、190℃10分程度)。

※絵を描く場合はp.66のチョコペンをコロネ紙に入れ、牛乳をはけでぬったあとに描き、グラニュー糖をふる。

残ったパンでアレンジレシピ③
フレンチトースト

牛乳と卵、砂糖を混ぜた液にパンを浸してたっぷり吸わせ、オーブンで焼き上げます。シンプルなパンのほか、ブリオッシュなどふわふわのパンで作るのもおすすめ。

材料

この本の食パン … 1/2本
A ┌ 卵 … 1個
  │ 牛乳 … 100㎖
  │ 砂糖 … 大さじ1
  └ バニラオイル … 少々
アーモンドスライス … 小さじ1

作り方

1 食パンは4枚にスライスする。

2 バットに**A**を合わせて混ぜ、**1**を入れて両面にしみ込ませる。

3 天板にオーブンシートを敷き、**2**を並べ、アーモンドスライスを散らす。180℃に余熱したオーブンで13分焼く（電気オーブンの場合は190℃ 16分）。

残ったパンでアレンジレシピ②
シュガートースト

牛乳を吸わせたパンに砂糖をふって焼きます。シンプルなパンで作るのがおすすめですが、キャロットやほうれん草、レインボーなど色つきのパンで作ってもきれいです。

材料

この本の食パン … 1/2本
A ┌ 牛乳 … 50㎖
  └ バニラオイル … 少々
グラニュー糖 … 大さじ3

作り方

1 食パンは4枚にスライスする。

2 バットに**A**を混ぜ、**1**を浸す。

3 天板にオーブンシートを敷いて**2**を置き、グラニュー糖を両面につける。180℃に予熱したオーブンに入れ、13分焼く（電気オーブンの場合は190℃ 16分）。

Q&A 私の主宰する教室でよく質問される内容をまとめました。パン作りの参考にしてください。

Q1 パン生地がかたいです。

A この本のレシピは、国産小麦粉を使った場合の水分量です。粉を変えると生地のかたさは変わってきます。特に海外産（国産小麦の表示がないもの）の粉は吸水がよく、水分が多く必要なので、このレシピの配合では生地がかたくなります。使う粉が国産小麦でない場合は、水分量を1割ほど増やしてください。また逆に、生地がゆるい場合は粉を少し足してください。

Q2 どんなイーストでも大丈夫ですか？ イーストの保存方法は？

A この本ではドライイーストを使っており、私は「サフ」の金のラベル（耐糖性）を使用しています。赤のラベル（低糖性）は使用できますが、青のラベルはこの本のパンには向きません。スーパーで手に入りやすい、「スーパーカメリヤ」でもOKです。開封したものは瓶などの密閉容器に入れて冷蔵庫で保存します。発酵力が徐々に落ちるので、3カ月を目安に使い切りたいもの。頻繁にパンを作らないのなら、少量のものを選びましょう。

＊イーストは砂糖など糖をえさにして発酵しますが、糖が多すぎると、逆にイーストの活動を阻害してしまいます。耐糖性イーストとは、砂糖の配合が比較的多いパン生地でも、発酵を阻害せずにうまくふくらむイーストのことです。

Q3 パンのふくらみが悪く、小さく焼けました。

A フードプロセッサーにかけすぎていませんか？　生地は半分ずつ入れ、30秒ほど回せば充分です。何分もフードプロセッサーを回すと、こねすぎてグルテンが破壊され、パンはふくらまなくなります。

写真右は通常の焼き上がり。左はフードプロセッサーに5分かけ、グルテン膜が壊れてふくらみが悪くなった。

Q4 パンのきめが粗く、食べるとぼそぼそしています。

A 冷たい牛乳でこねていませんか？　冷蔵庫から出した状態の牛乳で生地を作ると、グルテンのつながりが悪くなりがち。パンはふくらみますが、グルテンに弾力がなく、切れやすく、ぼそぼそとした味わいに。牛乳は30℃ほどに軽く温めたものを使いましょう。

写真右は通常の焼き上がり。左は冷えた牛乳で生地を作った場合。生地の温度が上がらないため、きめが粗くなりやすいと考えられる。

Q5 パンの側面が内側に入り込み、形が悪く仕上がりました。

A 焼き上がったパンを型に入れたままにしていませんか？ パンが型の中で蒸れて、側面にしわが寄り、パンの頭（ふくらんだ部分）の重さに耐えきれずに、側面がゆがんだり、つぶれてへこんだりする状態になります。パンは焼き上がったら、オーブンからすぐに取り出し、型ごと軽く落とし（ショックを与え）すばやく型から出すことが大切です。

写真右は通常の焼き上がり。左は型から出すのが遅かったパン。側面がへこんで、ゆがんだ形になってしまう。

Q6 焼いたパンに焦げ色がつきません。

A オーブンの予熱をしっかり上げてください。オーブンのパワーはメーカーによって異なり、指定した温度に上がっていないこともあります。一度ではわからないのですが、数回焼いて焼き色がつかないと感じた場合は温度を10〜20℃上げてください。反対に、上部が焦げてしまう場合は、焼き色が濃くなりだしたら、アルミホイルで覆い、残り時間を焼いてください。

Q9 朝に焼きたてパンを食べたいのですがどうしたらいいですか。

A 方法は二つあります。
一つは、前日にパン生地を作り、ポリ袋に入れて冷蔵庫で保存する方法。その場合は、イーストの量はレシピの2/3で大丈夫です。朝、袋から取り出して分割→ベンチタイム→成形→型に入れて二次発酵→焼き上げとなります。
もう一つは、前日に途中まで焼く方法。18分の焼き時間のところを11分程度焼き、冷めたらポリ袋に入れて保存。朝、オーブンで15分程度焼くと、焼きたてと同じになります。

11分焼いた状態で取り出し、型から出し、冷ます。写真はポリ袋に入れて保存する状態。この場合の保存は常温で。朝、型に入れて焼く。

Q7 パンの周りがかたいです。

A 焼き上がったパンを、出しっぱなしにしていませんか？ 焼き上がったパンからは水分が蒸発していきますので、パンが冷めたら、ポリ袋などに入れて乾燥を予防してください。そうしないとかちかちのラスクのようになってしまいます。

Q8 焼き上がったパンがきれいに切れません。

A 焼きたての熱いパンは上手に切れません。冷めてから切りましょう。また、刃のギザギザしたパン切り包丁はフランスパンには向いていますが、実は食パンには向いていません。食パンは万能包丁をよく研いで切ると、きれいにスライスできます。

茨木くみ子（いばらき・くみこ）

健康料理研究家。聖路加看護大学（当時）を卒業後、保健師として健康管理業務にあたる。自身の摂食障害の体験から、心身ともに健康的な食生活は、低脂肪の和食にあると痛感。茨木クッキングスタジオを主宰し、油脂を使用しないパン、お菓子、料理の教室を開くとともに書籍、テレビ、講演会などで普及に努めている。近著『ふとらないシフォンケーキ』（文化出版局刊）が好評発売中。

ブックデザイン	鳥沢智沙（sunshine bird graphic）
撮影	広瀬貴子
スタイリング	久保原恵理
調理アシスタント	川村みちの、斎藤寿美、石川美樹、小林恵美子
校閲	田中美穂
編集・エネルギー計算	杉岾伸香（管理栄養士）
編集	浅井香織（文化出版局）

《協力》

パナソニック	https://panasonic.jp
池商	https://www.shop-ikesho.jp/
TOMIZ（富澤商店）	https://tomiz.com/
	電話 042-776-6488

バター、オイルなし。フープロとパウンド型で作る

こねない ふとらない食パン

2021年1月31日　第1刷発行

著　者　茨木くみ子
発行者　濱田勝宏
発行所　学校法人文化学園　文化出版局
　　　　〒151-8524　東京都渋谷区代々木3-22-1
　　　　電話03-3299-2565（編集）
　　　　　　　03-3299-2540（営業）
印刷所　凸版印刷株式会社
製本所　大口製本印刷株式会社

©Kumiko Ibaraki 2021 Printed in Japan

本書の写真、カット及び内容の無断転載を禁じます。
本書のコピー、スキャン、デジタル化等の無断複製は著作権法上での例外を除き、禁じられています。
本書を代行業者等の第三者に依頼してスキャンやデジタル化することは、たとえ個人や家庭内での利用でも著作権法違反になります。

文化出版局のホームページ　http://books.bunka.ac.jp/